Este libro de laberintos pertenece a:

Autor :Emilcen

Contenido

Contenido

EJEMPLO.. 8

LABERINTO 1 9

LABERINTO 2 10

LABERINTO 3 11

LABERINTO 4 12

LABERINTO 5   13

LABERINTO 6 14

LABERINTO 7 15

LABERINTO 8 16

LABERINTO 9   17

LABERINTO 10 18

LABERINTO 11 19

LABERINTO 12 20

LABERINTO 13 21

LABERINTO 14 22

LABERINTO 15 23

LABERINTO 16 24

LABERINTO 17 25

LABERINTO 18 26

LABERINTO 19 27

LABERINTO 20 28

LABERINTO 21 29

LABERINTO 22 30

LABERINTO 23 31

LABERINTO 24 32

LABERINTO 25 33

LABERINTO 26 34

LABERINTO 27 35

LABERINTO 28 36

LABERINTO 29 37

LABERINTO 30 38

LABERINTO 31 39

LABERINTO 32 40

LABERINTO 33 41

LABERINTO 34 42

LABERINTO 35 43

LABERINTO 36 44

LABERINTO 37 45

LABERINTO 38 46

LABERINTO 39 47

LABERINTO 40 48

LABERINTO 41 49

LABERINTO 42 50

LABERINTO 43 51

LABERINTO 44 52

LABERINTO 45 53

LABERINTO 46 54

LABERINTO 47 55

LABERINTO 48 56

LABERINTO 49 57

LABERINTO 50 58

LABERINTO 51 59

LABERINTO 52 60

LABERINTO 53 61

LABERINTO 54 62

LABERINTO 55 63

LABERINTO 56 64

LABERINTO 57 65

LABERINTO 58 66

LABERINTO 59 67

LABERINTO 60 68

LABERINTO 61 69

LABERINTO 62 70

LABERINTO 63 71

LABERINTO 64 72

LABERINTO 65 73

LABERINTO 66 74

LABERINTO 67 75

LABERINTO 68 76

LABERINTO 69 77

LABERINTO 70 78

LABERINTO 71 79

LABERINTO 72 80

LABERINTO 73 81

LABERINTO 74 82

ABERINTO 75 83

LABERINTO 76 84

LABERINTO 77 85

LABERINTO 78 86

LABERINTO 79 87

LABERINTO 80 88

LABERINTO 81 89

LABERINTO 82 90

LABERINTO 83 91

LABERINTO 84 92

LABERINTO 85 93

LABERINTO 86 94

LABERINTO 87 95

LABERINTO 88 96

LABERINTO 89 97

LABERINTO 90 98

LABERINTO 91 99

LABERINTO 92 100

LABERINTO 93 101

LABERINTO 94 102

LABERINTO 95 103

LABERINTO 96 104

LABERINTO 97 105

LABERINTO 98 106

LABERINTO 99 107

LABERINTO 100 108

LABERINTO 101 109

LABERINTO 102 110

LABERINTO 103 111

LABERINTO 104 112

LABERINTO 105 113

LABERINTO 106 114

LABERINTO 107 115

LABERINTO 108 116

LABERINTO 109 117

LABERINTO 110 118

LABERINTO 111 119

LABERINTO 112 120

LABERINTO 113 121

LABERINTO 114 122

LABERINTO 115 123

LABERINTO 116 124

LABERINTO 117 125

LABERINTO 118 126

LABERINTO 119 127

LABERINTO 120 128

LABERINTO 121 129

LABERINTO 122 130

LABERINTO 123 131

LABERINTO 124 132

LABERINTO 125 133

LABERINTO 126 134

LABERINTO 127 135

LABERINTO 128 136

LABERINTO 129 137

LABERINTO 130 138

LABERINTO 131 139

LABERINTO 132 140

LABERINTO 133 141

LABERINTO 134 142

LABERINTO 135 143

LABERINTO 136 144

LABERINTO 137 145

LABERINTO 138 146

LABERINTO 139 147

LABERINTO 140 148

LABERINTO 141 149

LABERINTO 142 150

LABERINTO 143 151

LABERINTO 144 152

LABERINTO 145 153

LABERINTO 146 154

LABERINTO 147 155

LABERINTO 148 .... **156**

LABERINTO 149 .... **157**

LABERINTO 150 .... **158**

EJEMPLO

LABERINTO 2

LABERINTO 3

LABERINTO 4

LABERINTO 5

LABERINTO 6

LABERINTO 6

LABERINTO 8

LABERINTO 8

LABERINTO 9

LABERINTO 10

LABERINTO 12

LABERINTO 13

LABERINTO 14

LABERINTO 16

LABERINTO 18

LABERINTO 20

LABERINTO 21

LABERINTO 22

LABERINTO 22

LABERINTO 24

LABERINTO 25

LABERINTO 26

LABERINTO 27

LABERINTO 28

LABERINTO 30

LABERINTO 32

LABERINTO 34

LABERINTO 36

LABERINTO 37

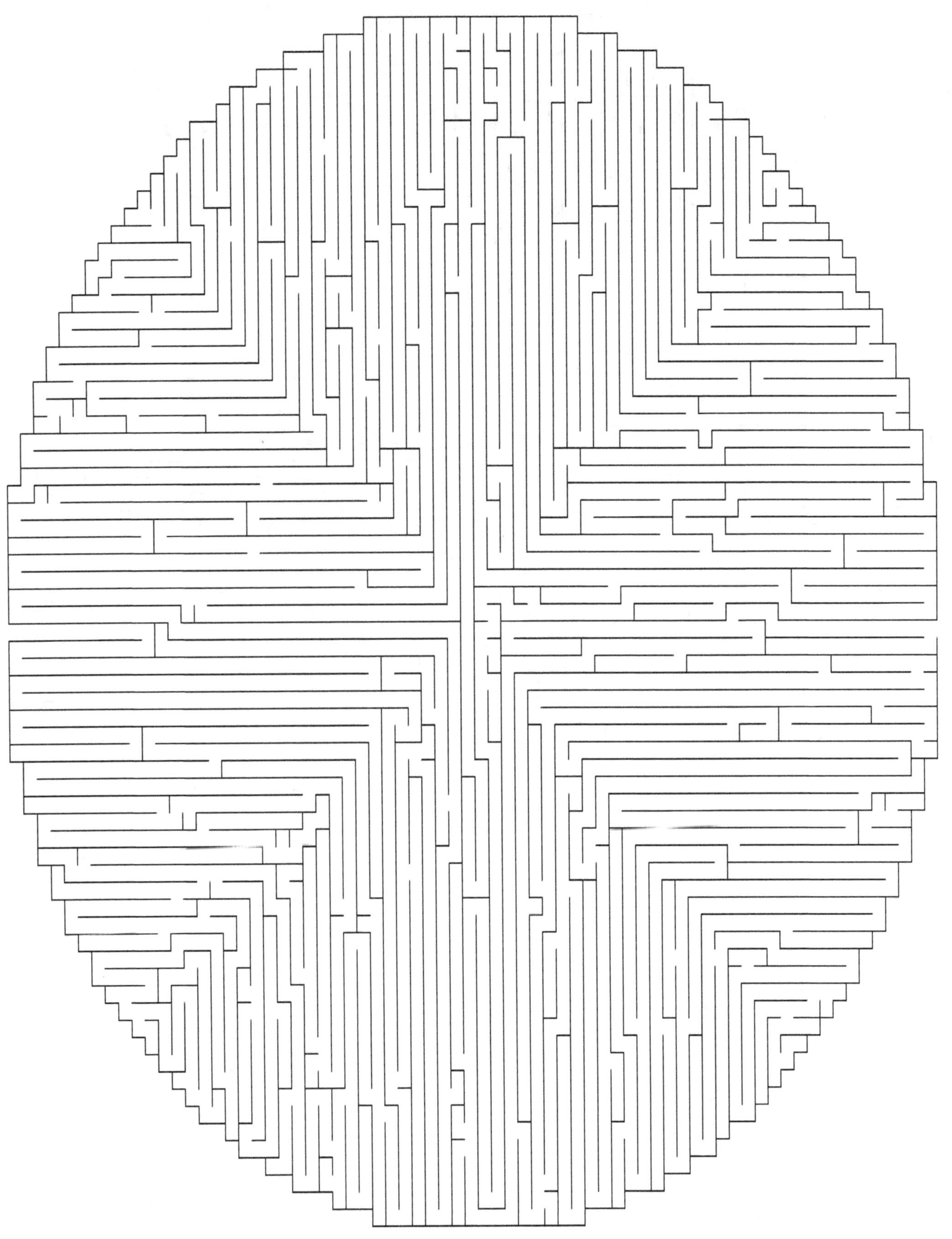

LABERINTO 38

Emilcen Emi

LABERINTO 40

LABERINTO 40

Emilcen Emi

LABERINTO 41

LABERINTO 42

LABERINTO 42

LABERINTO 44

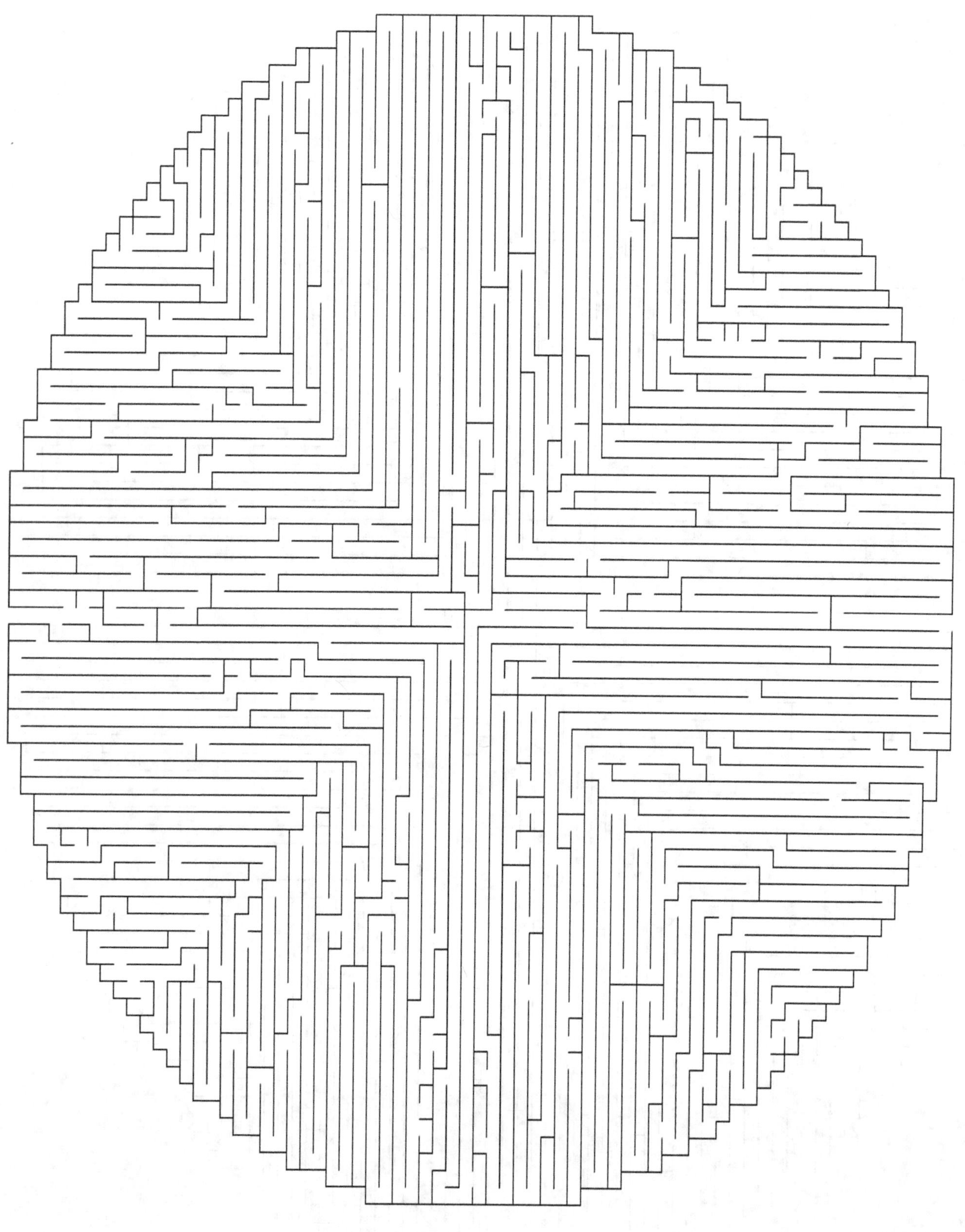

LABERINTO 44

LABERINTO 45

LABERINTO 46

LABERINTO 48

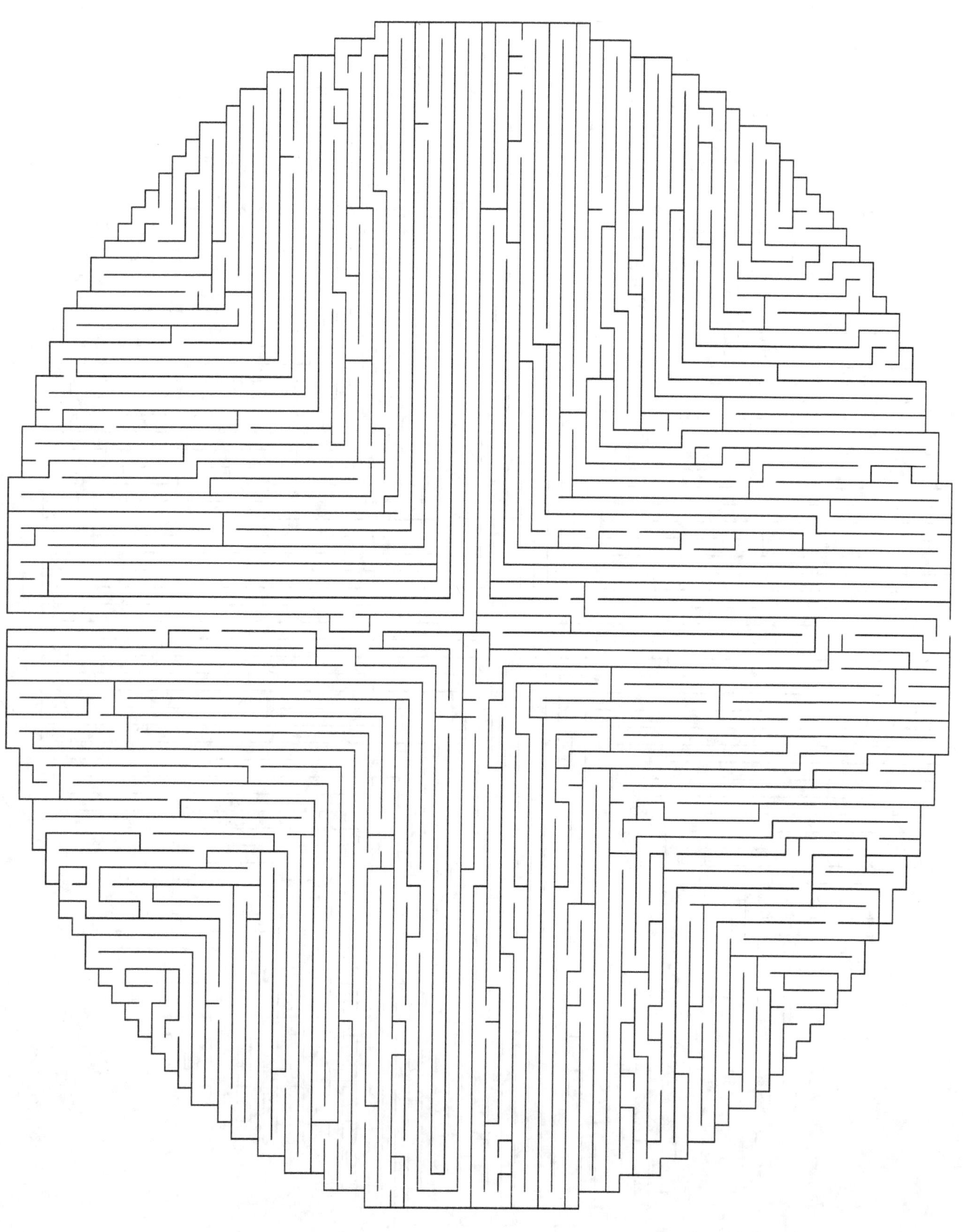

LABERINTO 48

LABERINTO 50

LABERINTO 52

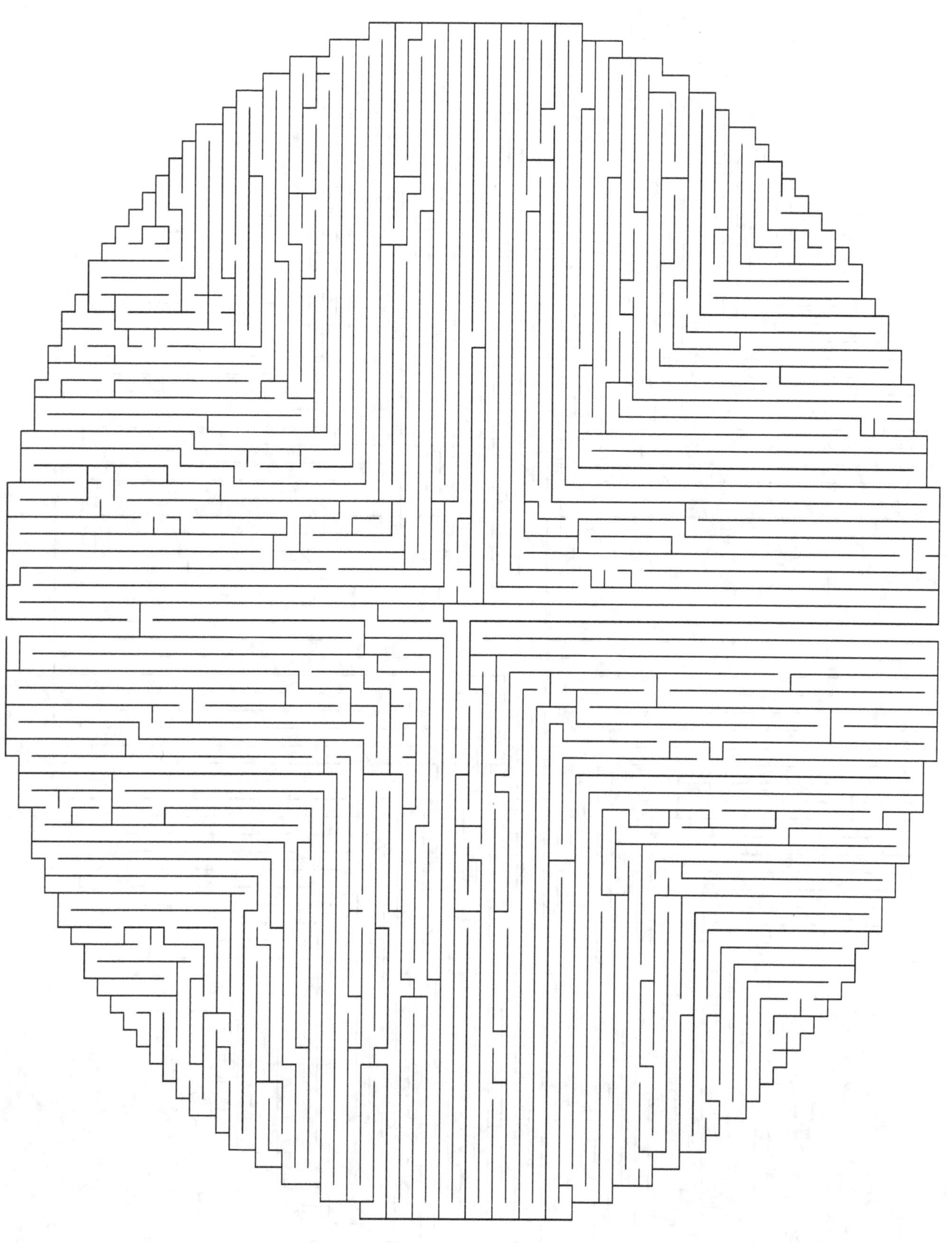

LABERINTO 52

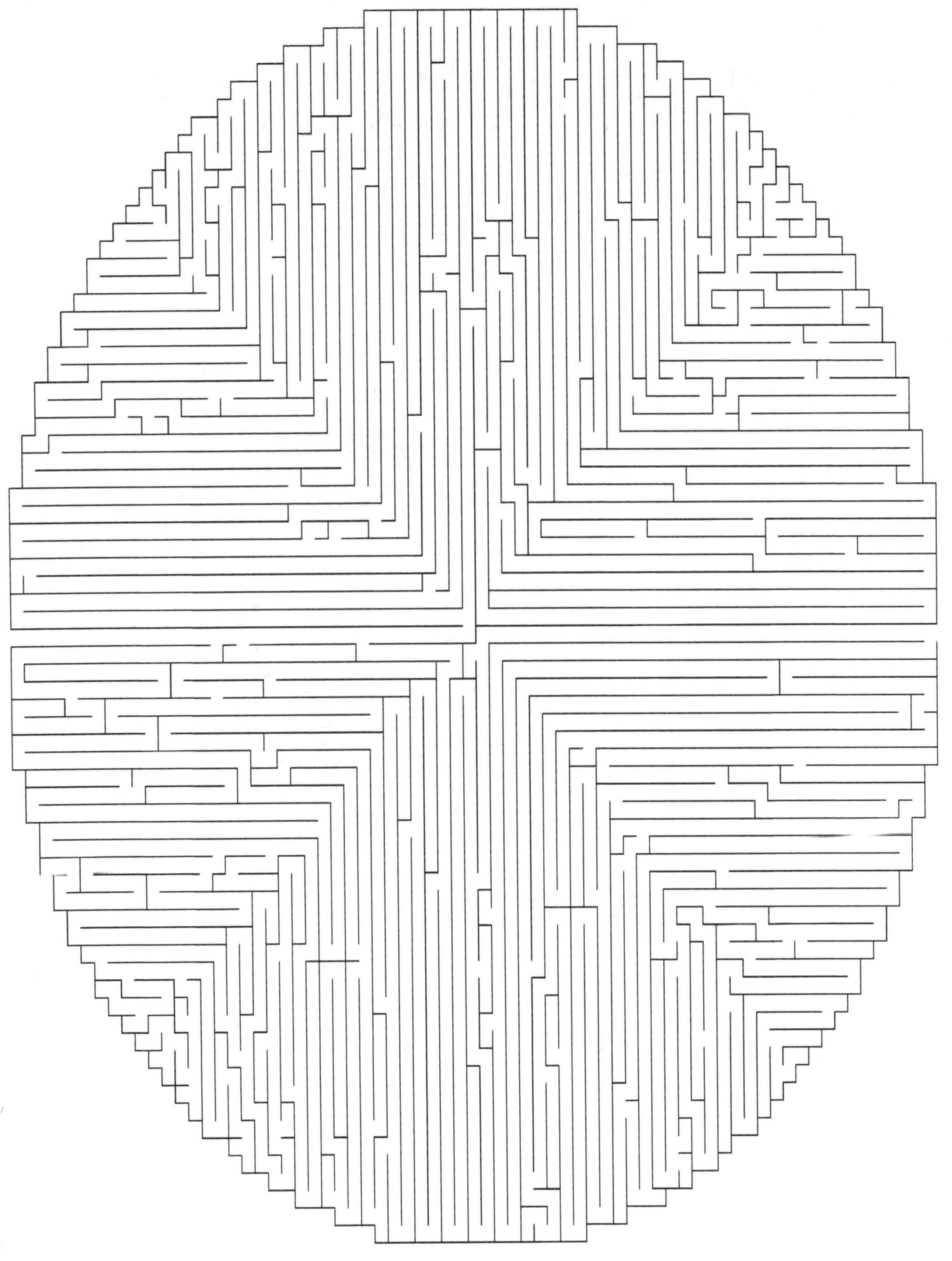

LABERINTO 54

LABERINTO 54

LABERINTO 55

LABERINTO 56

LABERINTO 56

LABERINTO 57

LABERINTO 58

LABERINTO 60

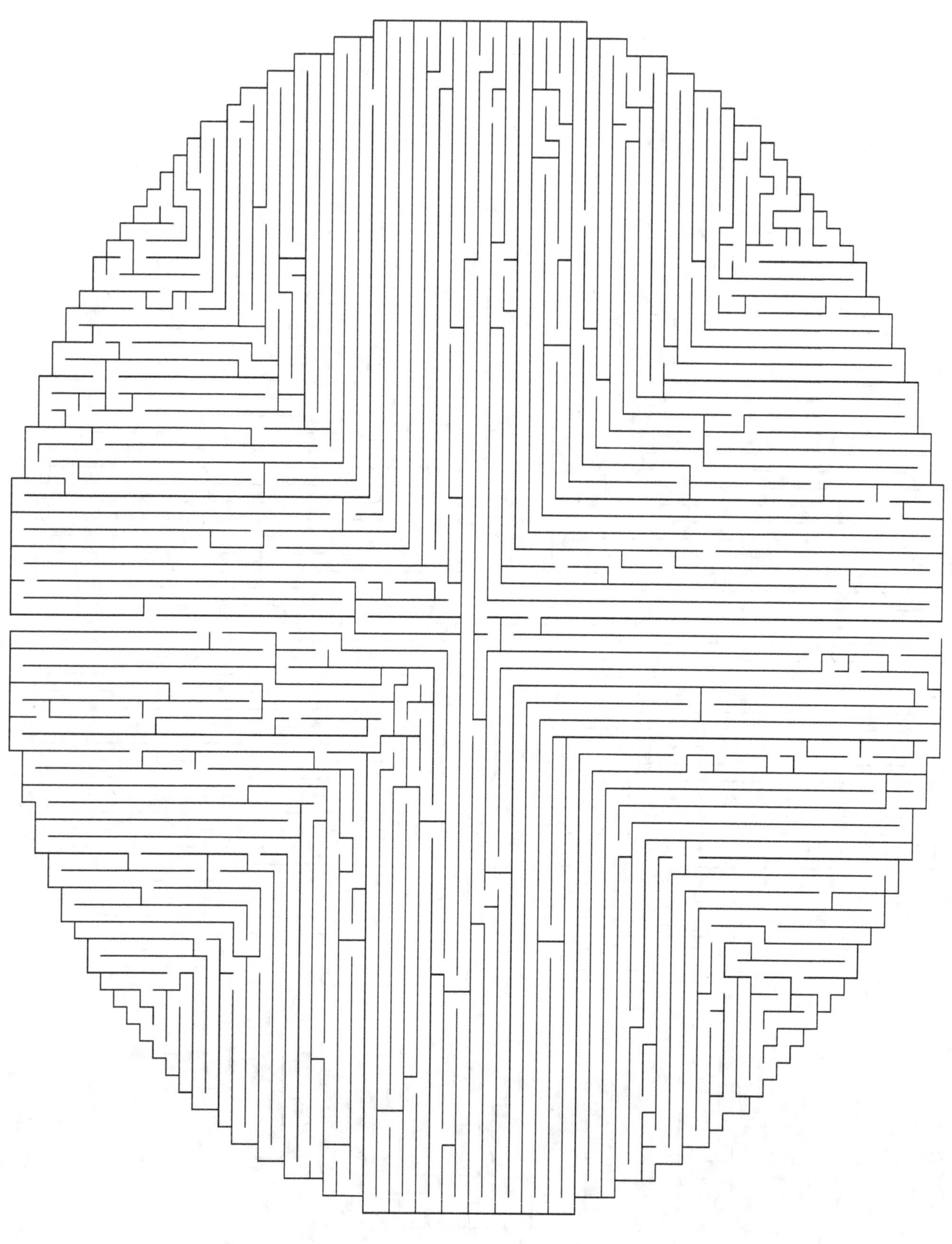

LABERINTO 60

LABERINTO 61

LABERINTO 62

LABERINTO 63

LABERINTO 64

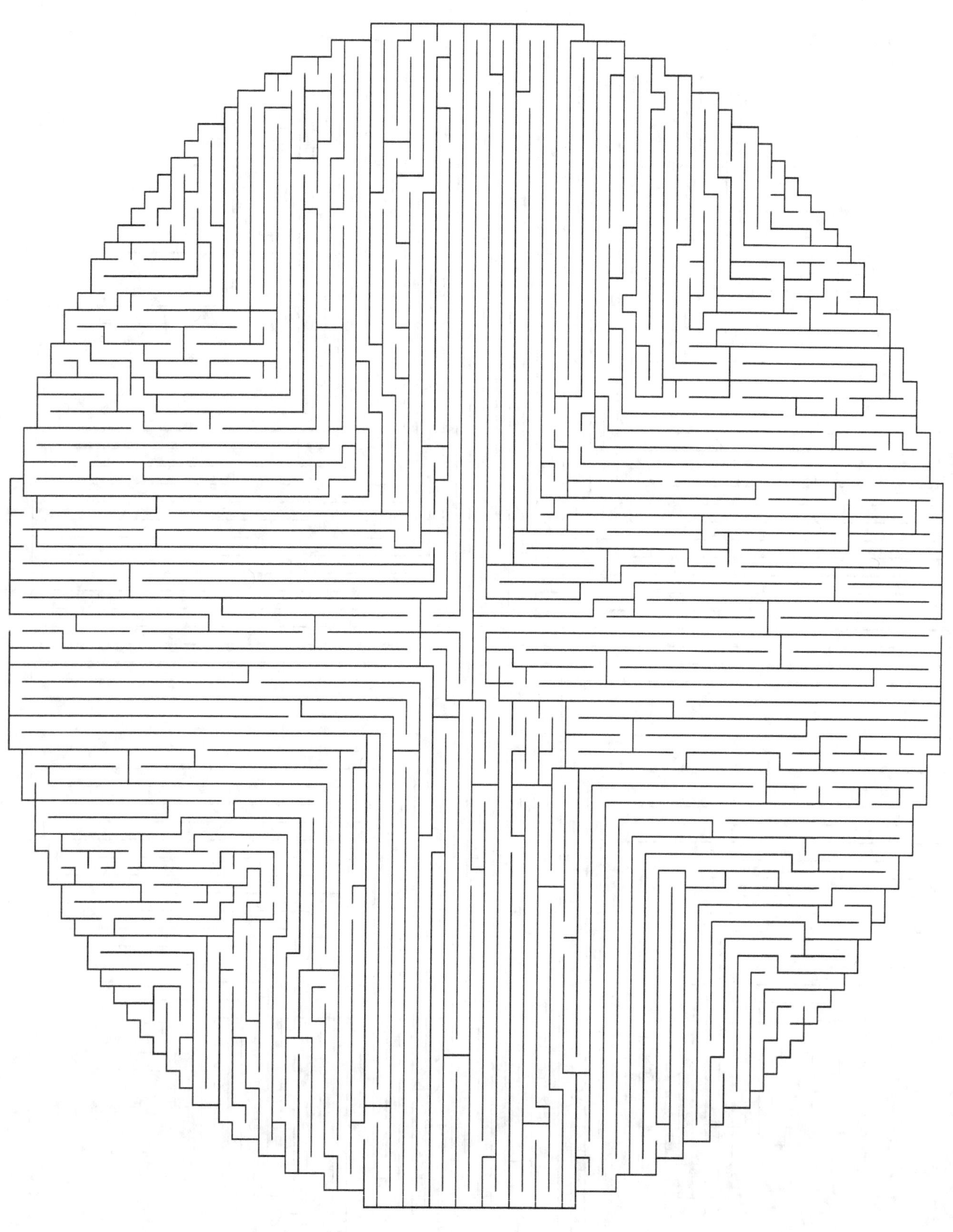

LABERINTO 64

LABERINTO 65

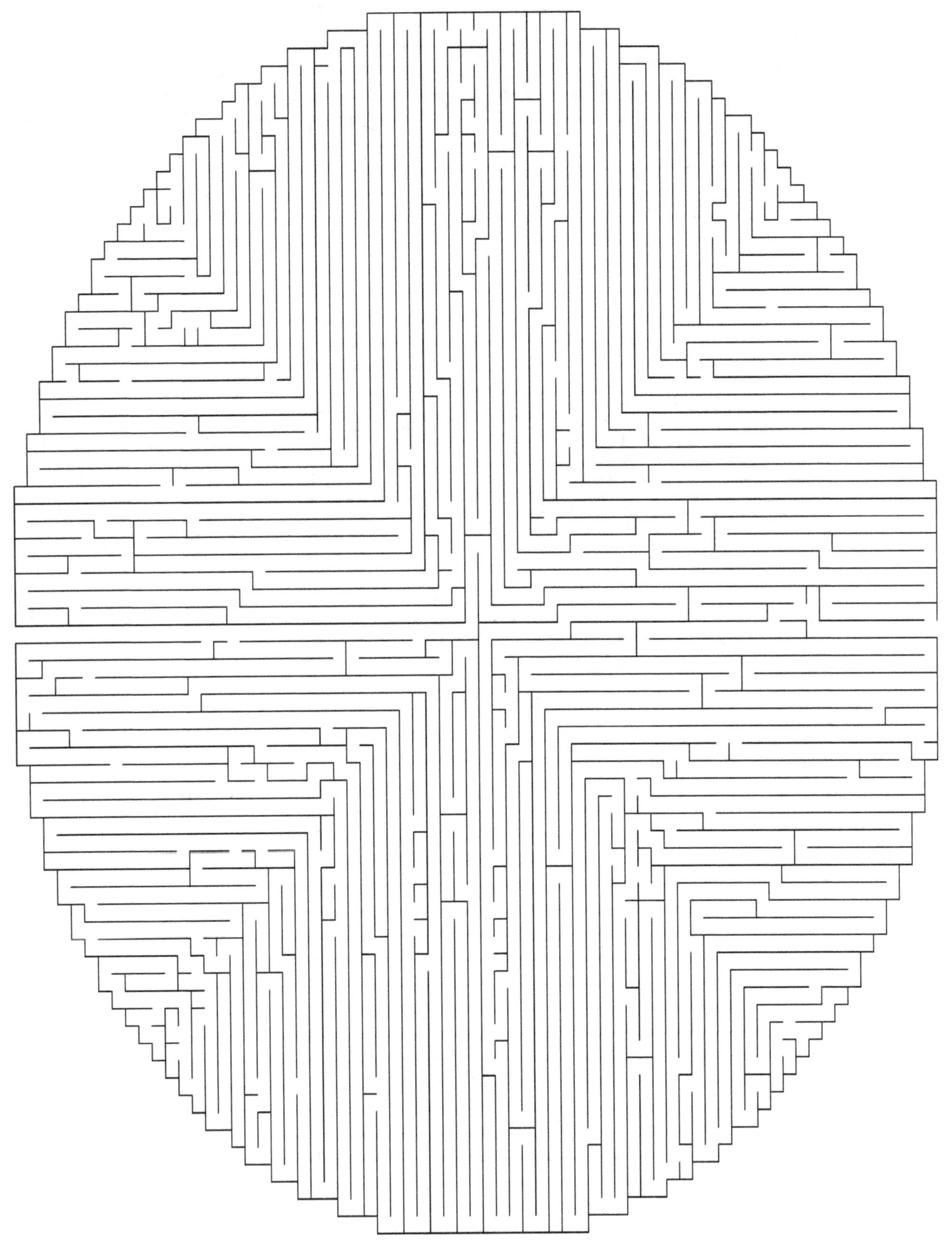

LABERINTO 66

LABERINTO 67

LABERINTO 68

LABERINTO 69

Emilcen Emi

LABERINTO 70

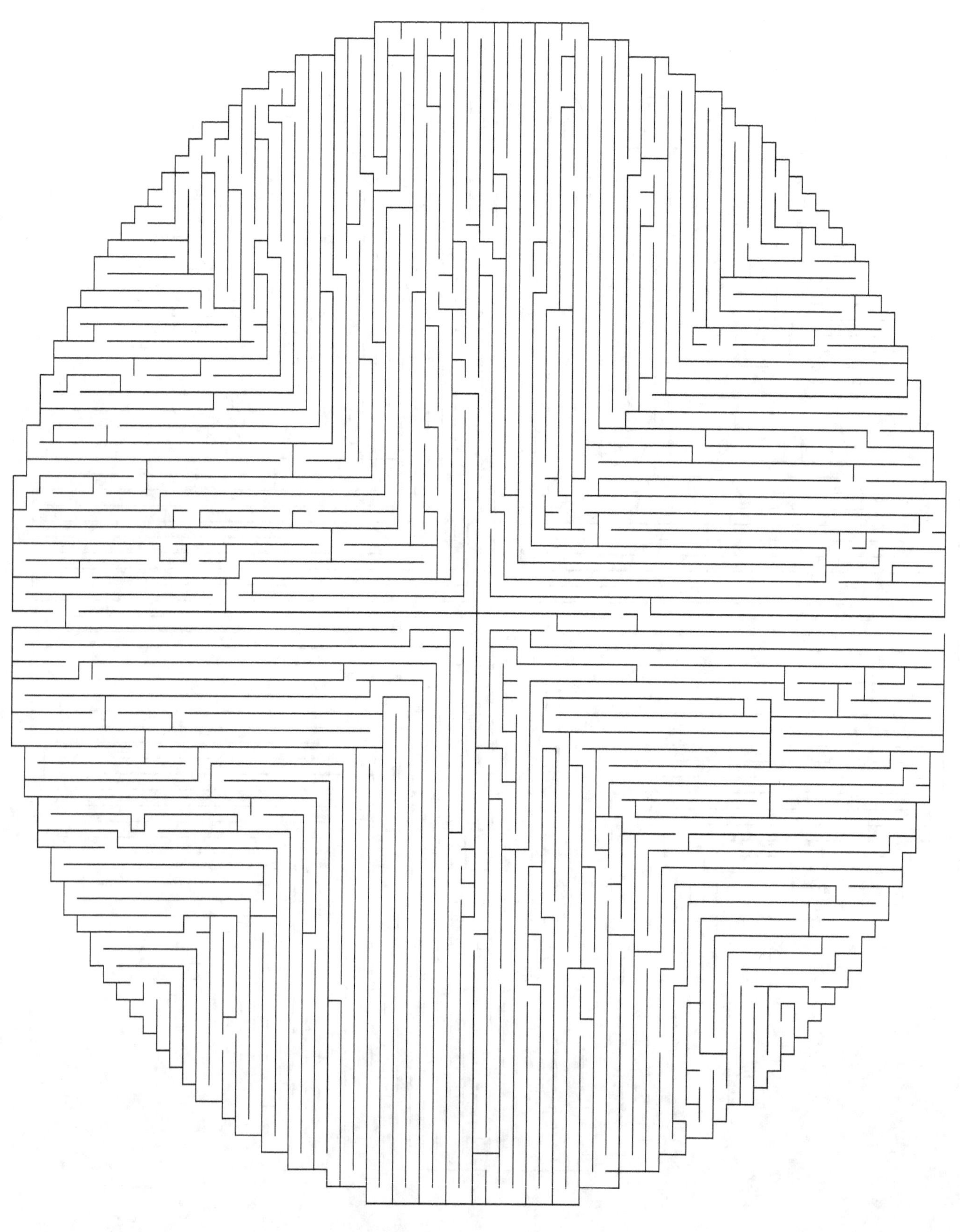

LABERINTO 70

Emilcen Emi

LABERINTO 72

Emilcen Emi

LABERINTO 73

LABERINTO 74

LABERINTO 76

LABERINTO 78

LABERINTO 80

LABERINTO 82

LABERINTO 82

LABERINTO 83

LABERINTO 84

LABERINTO 85

LABERINTO 86

LABERINTO 88

LABERINTO 90

LABERINTO 92

LABERINTO 94

LABERINTO 95

LABERINTO 96

LABERINTO 98

LABERINTO 100

LABERINTO 102

LABERINTO 104

LABERINTO 106

LABERINTO 108

LABERINTO 110

LABERINTO 112

LABERINTO 113

LABERINTO 114

LABERINTO 116

LABERINTO 117

LABERINTO 118

LABERINTO 120

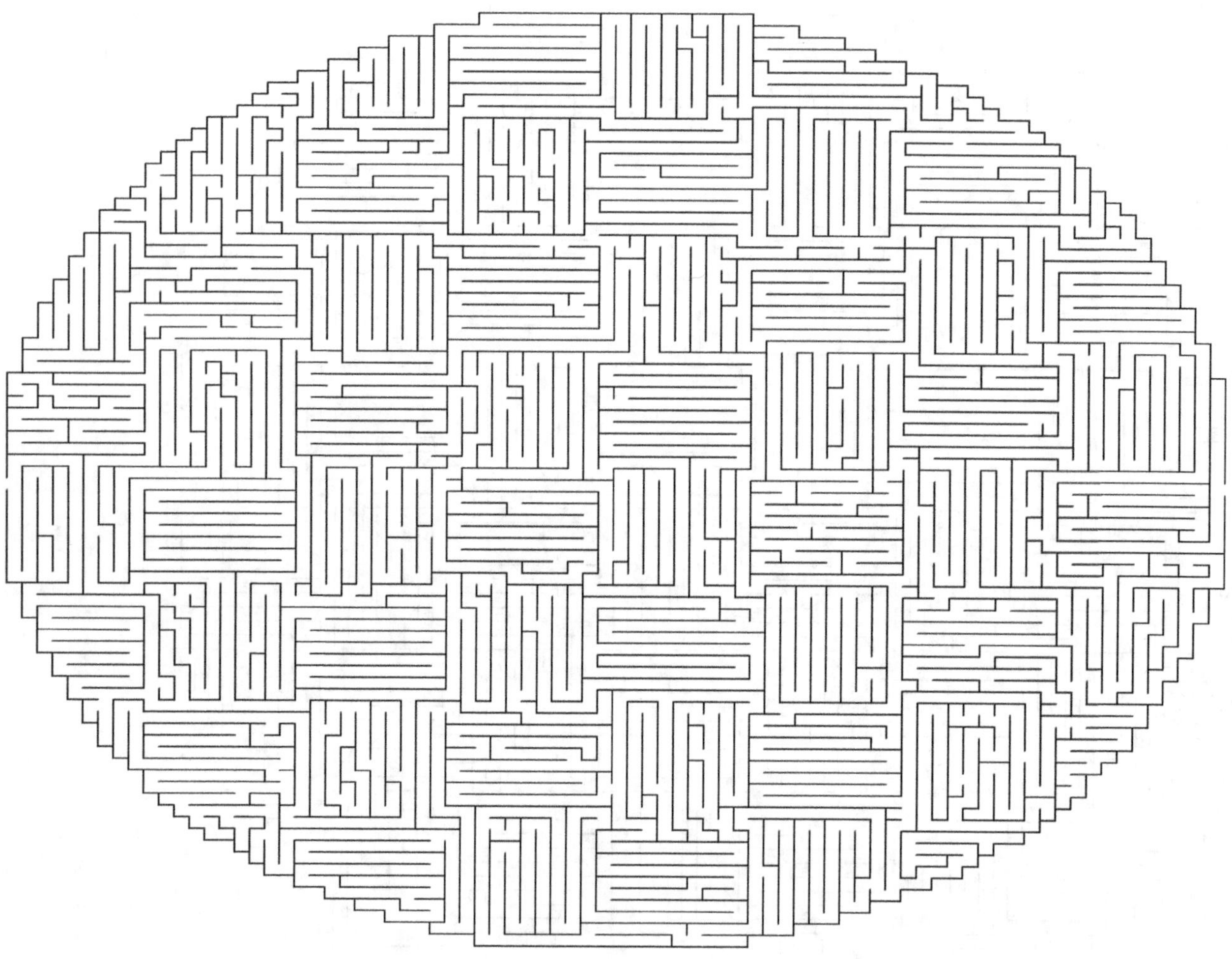

LABERINTO 121

LABERINTO 122

LABERINTO 123

LABERINTO 124

LABERINTO 126

LABERINTO 128

LABERINTO 129

LABERINTO 130

LABERINTO 132

LABERINTO 134

LABERINTO 134

LABERINTO 136

LABERINTO 138

LABERINTO 140

LABERINTO 141

Emilcen Emi

LABERINTO 142

Emilcen Emi

LABERINTO 143

LABERINTO 144

LABERINTO 145

LABERINTO 146

LABERINTO 148

LABERINTO 148

LABERINTO 150